BEI GRIN MACHT SICH IHR WISSEN BEZAHLT

Qualitative Forschung in der BWL. Interviewleitfaden, Verzerrungen und evaluative qualitative Inhaltsanalyse

Bibliografische Information der Deutschen Nationalbibliothek:

Die Deutsche Nationalbibliothek verzeichnet diese Publikation in der Deutschen Nationalbibliografie; detaillierte bibliografische Daten sind im Internet über http://dnb.d-nb.de abrufbar.

ISBN: 9783346362094
Dieses Buch ist auch als E-Book erhältlich.

© GRIN Publishing GmbH
Nymphenburger Straße 86
80636 München

Druck und Bindung: Books on Demand GmbH, Norderstedt Germany
Gedruckt auf säurefreiem Papier aus verantwortungsvollen Quellen

Das vorliegende Werk wurde sorgfältig erarbeitet. Dennoch übernehmen Autoren und Verlag für die Richtigkeit von Angaben, Hinweisen, Links und Ratschlägen sowie eventuelle Druckfehler keine Haftung.

Das Buch bei GRIN: https://www.grin.com/document/993480

Einsendeaufgabe

Wissenschaftliches Arbeiten - Vertiefung (Qualitative Verfahren)
– Aufgabenstellung B –

Modul: Wissenschaftliches Arbeiten - Vertiefung
(Qualitative Verfahren)

Studiengang: Bachelor of Arts (B.A.) in Betriebswirtschaft

Inhaltsverzeichnis

Die Aufgabenstellung wurde aus urheberrechtlichen Gründen von der Redaktion entfernt, ist jedoch für das Verständnis der Ausarbeitung nicht notwendig

Abkürzungsverzeichnis

bspw.	-	beispielsweise
ca.	-	circa
d.h.	-	das heisst
sog.	-	sogenannt
Vgl.	-	Vergleiche
z.B.	-	zum Beispiel

Genderverweis

In dieser Arbeit wird aus Gründen der besseren Lesbarkeit das generische Maskulinum verwendet. Weibliche und anderweitige Geschlechteridentitäten werden dabei ausdrücklich mitgemeint, soweit es für die Aussage erforderlich ist.

Abbildungsverzeichnis

Tabellenverzeichnis

1 Interviewleitfaden

Ziel dieses Kapitels ist eine Operationalisierung des Konstrukts Unternehmensreputation sowie die Erstellung eines qualitativen Interviewleitfadens zur Unternehmensreputation. Dazu wird in einem ersten Schritt definiert, was der Begriff «Unternehmensreputation» bedeutet, worauf erklärt wird, auf was bei der Erstellung des Interviewleitfadens geachtet wurde. Abschliessend wird das Vorgehen bei einer möglichen empirischen Umsetzung dargelegt.

1.1 Unternehmensreputation

Wie die Wissenschaft und auch die Praxis zeigen, lässt sich eine gute Unternehmensreputation als ein wichtiger Unternehmensbaustein identifizieren und gilt als relevanter immaterieller Vermögenswert und somit auch als ein zentrales Erfolgsziel.[1] Als Unternehmensreputation versteht man aus der Unternehmenssicht die (kollektive) Einschätzung durch dessen Stakeholder. Somit zeigt sie auf, wie Stakeholder das Unternehmenshandeln und die Unternehmensleistungen in Bezug auf ihre Ansprüche und Erwartungen sowie Einstellungen und Überzeugungen hinsichtlich verschiedener Dimensionen (z.B. funktional, sozial, expressiv) beurteilen. Sucht man in der Literatur nach dem Begriff der «Unternehmensreputation», findet man den Ansatz bzw. das Modell von Schwaiger, welches im Jahr 2004 verfasst wurde. Gemäss diesem Ansatz kann man *Sympathie* und *Kompetenz* als wichtige Bestandteile der Reputation definieren.[2] Mithilfe Schwaigers Betrachtungsweise wurde das *Kapitel 1.3* aufgebaut und dargelegt.

1.2 Qualitativer Interviewleitfaden

Aus Sicht der empirischen Sozialforschung gelten qualitative Interviews als zentrale Zugänge. Da sie grundsätzlich vergleichbar mit Alltagsgesprächen und relativ einfach durchzuführen sowie strukturell und formal leicht vorzubereiten sind, ist eine grosse Beliebtheit für sie vorhanden.[3] Im Zuge qualitativer Methoden sollen soziale Phänomene, subjektive Wirklichkeiten, Alltagstheorien und Lebenswelten einer tiefen und differenzierten Analyse unterzogen werden, damit diese nicht nur theoretisch

---

[1] Vgl. Peters / Liehr-Gobbers (2015), S. 919
[2] Vgl. Schwaiger (2004), S. 46-71
[3] Vgl. Misoch (2019), S. 2

erfasst, sondern auch wirklich verstanden werden können.[4] Gestützt werden die An-
nahmen daher nicht auf Listen und Statistiken, sondern eher auf Aussagen und Beschreibungen, die oft schwieriger zu kategorisieren sind und deshalb auf Interpreta-
tionen, Zusammenfassungen und Befragungen beruhen.[5]

Solche Interviews werden entlang eines Leitfadens erstellt, für den sich in der empirischen Forschung verschiedene Vorgehensweisen und Techniken anbieten. Eine
gängige Form der Befragung stellen dabei Interviews mit ausgewählten Personen
oder Fachexperten dar. Es kann hierbei zwischen der quantitativen sowie qualitativen Methode unterschieden werden,[6] wobei sich die Einsendeaufgabe ausschliess-
lich mit der qualitativen Interviewtechnik befasst. Zusätzlich kann zwischen den standardisierten, den nicht-standardisierten und den halbstandardisierten Interviews unterschieden werden. Die Unterschiede dieser Interviewformen werden nachfolgend
kurz erläutert.

Interview-Form	Erläuterung
Standardisiertes	Baut auf fixen Antwortmöglichkeiten auf und vereinfacht die Auswertung der Antworten. Ist für **quantitative** Methoden vorgesehen.[7]
Nicht-standardi-siertes	Gibt lediglich einen thematischen Rahmen vor, wobei auf eine Vorstruk-turierung verzichtet wird.[8] Wird bei **qualitativen** Forschungszwecken an-gewendet.[7]
Halbstandardisier-tes	Ein stark strukturierter Leitfaden mit vorgegebenem Fragekatalog, der es dem Interviewer erlaubt, an vordefinierten Stellen vom Leitfaden abzu-weichen.[9] Eignet sich für **qualitative** Forschungszwecke.[7]

Tabelle 1: Interview-Formen[10]

Leitfadeninterviews werden mithilfe eines vorabdefinierten Ablaufs gestaltet und
durchgeführt. Es bieten sich verschiedene Möglichkeiten an, einen entsprechenden
Leitfaden zu konstruieren und aufzubauen. Grundvoraussetzungen sind jedoch einige Punkte, welche nachfolgend aufgelistet werden:[11]

- Aufforderungen für Erzählungen und Argumentationen
- Vorformulierte und definierte Fragen

---

[4] Vgl. Misoch (2019), S. 2
[5] Vgl. Weiss (1994), S. 3
[6] Vgl. Kvale / Brinkmann (2009), S. 1-2
[7] Vgl. Wittkowski (2013), S. 10
[8] Vgl. Spektrum (2020)
[9] Vgl. Phaydon (2016)
[10] Vgl. Wittkowski (2013); Spektrum (2020); Phaydon (2016)
[11] Vgl. Helfferich (2019), S. 670

- Stichworte für offen formulierbare Fragen
- Zusätzliche Fragen
- Vereinbarungen für die Handhabung von dialogischer Interaktion

Der Leitfaden beruht dabei auf der bewussten methodologischen Entscheidung, eine «maximale Offenheit» aus Gründen des Forschungsinteresses einzuschränken. Die Erstellung eines Leitfadens folgt somit dem Prinzip: «So offen wie möglich, so strukturierend wie nötig». Für die meisten Fragestellungen ist es notwendig, bei einer grundsätzlichen Offenheit den Interviewablauf in einem gewissen Mass zu steuern, was die Auswertung positiv beeinflusst.[12]

Das Leitfadeninterview eignet sich somit ideal als Methode zur Bearbeitung der Aufgabenstellung, da es einerseits mit vordefinierten Fragen eine Richtung vorgeben geben kann und andererseits genügend Spielräume bei der Beantwortung der Fragen zu lässt. Bevor ein solcher Leitfaden jedoch erstellt werden kann, muss zuerst eine Operationalisierung vorgenommen werden, was im nächsten Kapitel thematisiert wird.

1.3 Operationalisierung

Voraussetzung für die Konzeption eines qualitativen Interviewleitfadens ist die Operationalisierung des Konstrukts der Unternehmensreputation. Hierzu hat Schwaiger (2004) ein Modell zur Messung der Reputation eines Unternehmens entwickelt. Er teilt diese dabei in die vier Dimensionen *Verantwortung, Attraktivität, Qualität* und *Performance* ein. Ebenfalls gibt er dazu die entsprechenden Indikatoren vor, die im Folgenden kurz vorgestellt werden sollen.

Dimension	Erläuterung
Verantwortung	Mithilfe von verschiedenen Indikatoren und Anspruchsgruppen (z.B. Umwelt, Gesellschaft, Mitbewerber) kann die Verantwortung eines Unternehmens gemessen werden. Es kann dabei abgeleitet werden, ob ein Unternehmen Sorge zu den Mitarbeitenden und der Umwelt trägt oder ob der Profit für die Unternehmung im Vordergrund steht. Zusätzlich spielt das Kommunikationsverhalten der Unternehmen eine entscheidende Rolle und wird von den Medien entsprechend kritisiert oder goutiert.[13]

---

[12] Vgl. Helfferich (2019), S. 670
[13] Vgl. Schwaiger (2004), S. 46-71

Attraktivität	Bei einer Unternehmensreputation steigt auch das Interesse von Investoren, Kapitalgebern, Neukunden und potenziellen Mitarbeitenden. Bei einem positiven Erscheinungsbild machen bestehende Mitarbeiter aktiv oder passiv Werbung für das Unternehmen und werben somit neue Fachkräfte an.[13]
Qualität	Es ist nicht nur aus Umweltperspektiven wichtig, dass die Qualität des Produkts stimmt, sondern auch aus Reputationssicht. Es ist wissenschaftlich bewiesen, dass ein wesentlicher Teil der Kunden Markenprodukte bevorzugt, weil sie an die Qualität des Produktes glauben oder positive Erfahrungen in der Vergangenheit machen konnten.[14] Die Preisgestaltung ist dabei kein entscheidender Faktor, fliesst jedoch in die Kaufentscheidung mit ein. Innovationen, Produkterfolge und zusätzliche Services auf hohem Qualitätsniveau unterstützen dabei die Kundenentscheidungen.[13]
Performance	Vielfach ist das Führungsverhalten ein entscheidender Faktor für die Reputation sowie für die Performance-Messung des Unternehmens. Beispielsweise kann es sich positiv bzw. negativ auf die Reputation auswirken, ob man fragwürdige Aufträge mit hohem Profit annimmt oder ablehnt.[13]

Tabelle 2: *Die vier Dimensionen nach Schwaiger[15]*

Die in der Tabelle genannten vier Faktoren wurden als Basis für das ausgearbeitete Interview verwendet.

1.4 Konzeption des vollständigen qualitativen Interviewleitfadens

In einem nächsten Schritt kann mit der Erstellung des Interviewleitfadens begonnen werden. Vorgängig wurden das Indikatorensystem bzw. die Operationalisierung abgeschlossen, sodass die benannten Indikatoren sich in den erarbeiteten Fragen widerspiegeln können. Der qualitative Interviewleitfaden wird aus mehreren verschiedenen «Typen» von Fragen zusammengestellt. Grundsätzlich sollten offene und keine geschlossenen Fragen, welche mit «ja» oder «nein» beantwortet werden können, gestellt werden. Ebenfalls besitzen offene Fragen keine Antwortalternativen. Die «offenen» Fragen fordern den Interviewten zum Erzählen auf und bieten die Möglichkeit, Antworten zu entwickeln und sich neue Gedanken zum Thema zu machen, damit das Interview eine dynamische Entwicklung annimmt. Die Erzählimpulse werden mit Memofragen und strukturierten Fragen ergänzt, welche der Aufrechterhaltung des Gesprächsflusses dienen. Die Struktur hilft bei einem späteren Zeitpunkt

---

[14] Vgl. Absatzwirtschaft (2015)
[15] Vgl. Schwaiger (2004), S. 46-71

bei der Auswertung und Vergleichbarkeit der Interviews.[16] Bei der qualitativen Befragung findet keine statistische Auswertung statt, sondern man möchte eine umfassende Übersicht über das ausgewählte Thema erstellen. Zusätzlich wird Raum für die individuelle Meinung geboten.[17] Die Fragen werden auf ein zielgerichtetes Publikum abgestimmt, d.h. branchenspezifische Fachbegriffe sollen verständlich formuliert werden. Grundsätzlich sollte man pro Frage nur einen Sachverhalt ansprechen.[18] Der Leitfaden gilt als Struktur, davon kann jedoch bei der Reihenfolge der Fragen abgewichen werden. Wurde der Interviewleitfaden jedoch vorgängig aufbauend gestaltet, macht es Sinn, die Reihenfolge der Fragen auch einzuhalten, gleichzeitig soll der Leitfaden auch als Basis bzw. als Hilfestellung dienen.[19]

Dank der gewonnenen Erkenntnisse aus den letzten Kapiteln konnte ein solcher qualitativer Interviewleitfaden erstellt werden. Wie in *Kapitel 1.6* ersichtlich wird, be-fasst sich die Einsendeaufgabe mit der Unternehmensreputation von X Schweiz. Aufgrund mehrerer bekannten Wirtschaftsdelikte (beispielsweise der Wire-Card Skandal aus Deutschland) sieht sich die Wirtschaftsprüfungsbranche mit diversen Herausforderungen konfrontiert, wodurch sich die Messung der Unternehmensreputation in dieser Branche optimal anbietet. Mithilfe des qualitativen Interviewleitfadens, welcher sich im *Anhang 5.1* befindet, soll deshalb eine Messung der Unternehmensreputation durchgeführt werden.

1.5 Stakeholder-Analyse

Als Stakeholder werden alle internen und externen Elemente rund um das Unternehmen bezeichnet, welche bei Unternehmensentscheidungen berücksichtigt werden.[20] Ein bekannter Ansatz zu einer Stakeholder Analyse ist beispielsweise das St. Galler-Management-Modell, welches von der Universität St. Gallen in den 1960er-Jahren entwickelt worden ist und durch Rüegg & Stürm zum «Neuen St. Galler-Management-Modell» weiterentwickelt wurde.[21] Damit die Auswahl der Stakeholder analysiert und vorgestellt werden kann, wurde im Anhang ein solches St. Galler-Management-Modell für X entwickelt. Eine kurze Unternehmenserläuterung sowie die Vorstellung der Stakeholder finden sich somit im *Anhang 5.1.2*.

---

[16] Vgl. Nohl (2017), S. 16
[17] Vgl. Diekmann (2007), S. 476
[18] Vgl. Misoch (2019), S. 66
[19] Vgl. Helfferich (2019), S. 669
[20] Vgl. Thommen (2018)
[21] Vgl. Hagen (2010)

Betrachtet man die verschiedenen Anspruchsgruppen, können folgende für X Schweiz definiert werden:

- **Staat**: Schweizer Behörden wie Bund, Kanton und Stadt bzw. Gemeinde
- **Mitarbeitende**: Mitarbeiter von X, temporäre Arbeitskräfte
- **Kunden**: Öffentliche und private Unternehmen, NGOs
- **Kapitalgeber**: Investoren und Aktionäre
- **Konkurrenz**: Mitbewerber
- **Lieferanten**: Diverse Lieferanten (Betriebsunterhalt), Partner-Unternehmen
- **Öffentlichkeit**: Medien, allgemeine Öffentlichkeit, Politik(er)

1.6 Beschreibung der Fallauswahl

Die Auswertung bei qualitativen Interviews ist oftmals sehr aufwendig. Dies ist unteranderem ein Grund, weshalb bei nicht- oder halbstandardisierten Methoden die Stichproben relativ klein ausfallen. Aufgrund dieser kleinen Stichprobenauswahl ist es umso wichtiger, dass die ausgewählten Stichproben sinnvoll ausgesucht werden. Gleichzeitig sollte die Anzahl ökonomisch vertretbar gewählt werden.[22]

Aufgrund dieser Überlegungen wurde eine geringe Anzahl Stichproben ausgewählt, wozu mithilfe der Stakeholder-Analyse aus dem *Kapitel 1.5* die drei wichtigsten Stakeholder identifiziert wurden. Je nach Betrachtungsweise ist diese Auswahl subjektiv. Die ausgewählten Stakeholder sind die Kunden, die Mitarbeitenden und die Partner-Unternehmen, welche unter die Kategorie der Lieferanten fallen. Aufgrund der begrenzten Ressourcen wurden jeweils sechs Kunden, sechs Mitarbeitende aus verschiedenen Abteilungen (jedoch vom selben Standort) und sechs Partner-Unternehmen ausgewählt. Es wurde jeweils darauf geachtet, dass die Kunden und auch die Partner-Unternehmen nicht aus demselben Wirtschaftssektor stammen. Bei den Mitarbeitenden wurde ebenfalls auf die Funktion geachtet, sodass alle Funktionen vom Assistenten bis zum Partner abgedeckt werden können. Die Gesamtheit wurde somit auf 18 Personen festgelegt. Da bei den Mitarbeitenden und bei den Partner-Unternehmen eine gewisse Abhängigkeit zum Unternehmen besteht, ist es nicht notwendig, eine zusätzliche Reserve einzuplanen. Bei den Kunden wurde eine Reserve von zwei eingeplant, sodass auch bei Absagen seitens des Kunden eine Alternative vorhanden wäre.

---

[22] Vgl. Baur / Blasius (2019), S. 325

1.7 Vorgehen im Rahmen des Interviews

Ein Interview sollte bestimmte Phasen absolvieren und sich dynamisch weiterentwickeln. Die unterstehende Tabelle bildet solche Phasen ab und erläutert diese jeweils kurz. Die aufgeführten Phasen stellen nur Beispiele dar und können je nach Situation und Interviewart bzw. -verlauf abweichen.

Phase	Erläuterung
Vorbereitung	Interviewrahmen vorbereiten, Interviewpartner festlegen, Räumlichkeiten organisieren[23]
Informationen	Der Zeitplan, die Zielsetzung und die Struktur des Interviews werden dem Interviewten erklärt. Allfällige offene Fragen werden geklärt und die nötige Wertschätzung wird entgegengebracht.[24]
Einstieg	Für eine angenehme Gesprächsatmosphäre sorgen, Smalltalk betreiben und «öffnende» Einstiegssituationen schaffen.[25]
Hauptteil	Die vorbereiteten Themen und Fragen werden mithilfe des erarbeiteten Interviewleitfadens angewendet.
Schluss	Das Interview wird beendet, es findet eine kurze Zusammenfassung statt und man lässt «das Gesagte verarbeiten». Zusätzlich können Rückfragen gestellt werden, bevor die Verabschiedung stattfindet.[26]

Tabelle 3: Phasen während eines Interviews[27]

Um den Einstieg zu erleichtern, wird jeweils zu Beginn etwas Smalltalk betrieben. Geeignete Themen sind dabei das Wetter oder allgemeine Dinge wie z.B. die Anfahrt an die Örtlichkeit des Interviews. Eine offene Atmosphäre hilft bei kritischen Fragenstellungen weiter und sorgt für ein lockeres Gesprächsklima.[28] Bevor man mit dem Interview startet, empfiehlt es sich, die Fragen bei einer neutralen Person zu testen und ein Gefühl für die Fragen zu entwickeln. Die wertvollen Rückmeldungen können so zu einer Verbesserung des Leitfadens beitragen.[29] Zusätzlich sollte das Interview mit einem Aufnahmegerät dokumentiert werden, dies hilft einer späteren Auswertung.[30]

---

[23] Vgl. Lehmann (2004), S. 63
[24] Vgl. Misoch (2019), S. 67
[25] Vgl. Lehmann (2004), S. 65
[26] Vgl. Misoch (2019), S. 68
[27] Vgl. Lehmann (2004); Misoch (2019)
[28] Vgl. Brosius / Koschel / Haas (2008), S. 109
[29] Vgl. Gläser / Laudel (2009), S. 107
[30] Vgl. Aeppli / Gasser / Schärer / Gutzwiller (2016), S. 190

2 Verzerrungen im Interview

Wie die Autoren Atteslander & Kneubühler (1975) festhalten, ist das Interview die meist verwendete Erhebungsmethode in der empirischen Sozialforschung. Obwohl der Erhebungsmethode viele Vorteile zugerechnet werden können, hat diese ebenso namhafte Nachteile. Dazu gehört die Verzerrung im Interviewprozess, wobei zwischen zwei Arten der Verzerrung unterschieden werden kann: Einerseits die Verzerrung durch Störeffekte während des Interviews, wie zum Beispiel störende Geräusche, Anrufe oder negative Hintergrundgeräusche, andererseits Verzerrungen durch die interviewende Person oder deren Fragestellung, welche den Interviewten zu einer Meinungsänderung bringen.[31]

In den nachfolgenden Unterkapiteln wird auf die Verzerrung, den «Interviewer-Effekt» sowie Verzerrungen durch den Interviewten eingegangen, bevor eine kurze Zusammenfassung folgt.

2.1 Der Begriff «Verzerrung»

Der Begriff «Verzerrung» scheint auf den ersten Blick verständlich, kann jedoch je nach Kontext in verschiedenen Varianten angesehen und eingesetzt werden. Beispielsweise kann eine Verzerrung aus mechanischer Sicht eine «Verformung des Materials» sein oder ein «geometrischer Abbildungsfehler». Betrachtet man den Begriff jedoch aus der Sichtweise des Interviews, handelt es sich dabei um eine «systematische Abweichung» der Antworttendenz.[32]

Das geschilderte Phänomen der Verzerrungen ist bekannt aus Befragungen, Interviews, Meinungsumfragen und anderen sozialwissenschaftlichen Erhebungen. Beispiele für verzerrte Aussagen können politische Meinungen sein, welche nicht anonymisiert publiziert, sondern mit dem Namen der Interview-Person bekannt gemacht werden, da man sich davor scheut die eigene Meinung preiszugeben. Beim Vorgehen der Verzerrung werden die «eigentlichen» Daten also nichtzutreffend wiedergegeben und die Sachverhalte nicht «wahrheitsgetreu» abgebildet. Weitere Gründe solcher Abweichungen sind bei den Interviewten, bei der Fragestellung oder beim Interviewer zu suchen. Diese werden im nachfolgenden Kapitel beleuchtet.[33]

---

[31] Vgl. Atteslander / Kneubühler (1975), S. 9-10
[32] Vgl. DWDS (2020)
[33] Vgl. Becker (2020)

2.2 Interviewer-Effekt: Verzerrungen durch den Interviewer

Wie bereits im *Kapitel 2.1* erwähnt, kann das Forschungsergebnis durch die intervie-wende Person wesentlich beeinflusst und die Antworten in die jeweilige Richtung «gelenkt» werden. Diese Form von Beeinflussung ist bekannt unter dem Fachbegriff «Interviewer-Bias» («Suggestivfrage»), wobei Begriffe wie «Interviewer-Effekte», «Interviewer-Einflüsse» und «Versuchleiter-Effekte» ebenfalls geläufig sind. Zusam-menfassend kann gesagt werden, dass der «Interviewer-Bias» eine Verzerrung der Ergebnisse durch den Interviewer darstellt.[34]

Eine Verzerrung durch den Interviewer kann bewusst oder unbewusst erfolgen. Gründe für eine willentliche Beeinflussung können zum Beispiel eine Bevorzugung des Interviewers sein. Ebenfalls besteht die Möglichkeit, eine «Minderheit», welche schwer zu eruieren ist, um jeden Preis in die Forschung einbinden zu wollen, wes-halb man die interviewte Person willentlich in diese Richtung lenkt. Weitere Faktoren können soziale Rollen und Situationen, persönliche Erwartungen, politische Einstel-lungen oder verzerrte Wahrnehmungen sein.[35]

Bekannt ist ausserdem der «Primacy-Effekt», welcher zur Kategorie der Wahrneh-mungsfehler gehört und bei welchem die ersten Sekunden den Gesamteindruck (z.B. Erscheinungsbild, Aufmachung, Einrichtung) am meisten beeinflussen. Positive als auch negative Merkmale spielen dabei eine grosse Rolle und können den «Ge-genpol» jeweils übersteuern. Ein weiterer häufiger Wahrnehmungsfehler ist der «Halo-Effekt». Beim Halo-Effekt werden wesentliche Merkmale fälschlicherweise auf weitere Merkmale übertragen und daraus verzerrte Tatsachen interpretiert.[36]

Da die Wissenschaft noch einige weitere Effekte erforscht hat, sind die oben genann-ten Beispiele nicht abschliessend. Aus diesem Grund findet sich im Anhang 5.2 eine Übersicht weiterer Effekte mit der jeweiligen Erläuterung. Zusammenfassend kann gesagt werden, dass die Effekte dazu führen können, dass die Durchführungsobjek-tivität stark beeinträchtigt wird.[37]

Um Verzerrungen zu vermeiden, sollte deshalb bereits bei der Auswahl der mögli-chen Kandidaten darauf geachtet werden, dass es sich um einen «geeigneten»

---

[34] Vgl. Becker (2020)
[35] Vgl. Becker (2020)
[36] Vgl. Rettenwender (2016), S. 159-160
[37] Vgl. Becker (2020)

Interviewer handelt. Durch eine offene Einstellung gegenüber dem Thema und dem Interviewten, mithilfe von standardisierten Vorgehensplänen, dem «Bewusstsein der Verzerrung» und durch Sensibilisierung können weitere Verzerrungen reduziert, jedoch nie vollständig beseitigt werden.[38]

2.3 Verzerrungen durch den Interviewten

Jede interviewte Person ist ein Individuum, weshalb das persönliche Erlebte und die erlernten Eigenschaften zu Verzerrungen führen können. Interviewte tendieren dazu zu antworten, was gerade «erwünscht» ist oder dem «Zeitwandel» entspricht. Oft spricht man auch vom «social desirability bias», was mit «sozialer Erwünschtheit» übersetzt werden kann. Wird das Interview erst nach einer längeren Zeit nachbearbeitet, lässt sich der genannte Effekt nachträglich nicht mehr reduzieren, weshalb dieser zum Interviewzeitpunkt oder direkt im Anschluss «beseitigt» werden sollte, da nur zu diesem Zeitpunkt die Merkmale vorhergesagt werden können.[39] Um eine solche Vorhersage machen zu können, sind empirische Forschungen und Theorien nötig, welche die Prognose des «sozial Erwünschten» bestätigen können.[40]

Es kommt ausserdem vor, dass Interviewte anders antworten, wenn sie wissen, dass es sich um ein Forschungsprojekt oder eine wissenschaftliche Untersuchung handelt. Dieser Effekt nennt sich «Hawthorne» und tritt oft in gruppenbasierten Beobachtungsstudien auf.[41] Es ist eine grosse Herausforderung, diesen Effekt zu umgehen. Wirksam erscheint die Möglichkeit, den Versuchspersonen das Ziel der Forschung nicht bekannt zu geben. Eine weitere Möglichkeit kann die Trennung innerhalb einer Gruppe sein, sodass keine Interaktion stattfinden kann oder sich die Konzentration auf andere Elemente richtet.[42]

Auch «Primacy-» und «Recency-» Effekte können bei Versuchspersonen zum Vorschein kommen. Nach einiger Zeit lässt die Konzentration nach, es findet ein Leistungsabfall statt und der Interviewte wirkt stark ermüdet. Deshalb sollte man dies beim Anfertigen des Interviewleitfadens berücksichtigen und die Zeit im Auge

---

[38] Vgl. Becker (2020)
[39] Vgl. Stocké (2004), S. 303
[40] Vgl. Stocké (2004), S. 303
[41] Vgl. Tücke (2005), S. 67
[42] Vgl. Scholz (2009)

behalten. Die Effekte können ebenfalls z.B. mit dem «lateinischen Quadrat» minimiert werden.

Zusätzlich sollten äusserliche Störfaktoren, wo immer möglich, identifiziert und eliminiert werden. Beispielsweise können dafür geeignete Räume und eine ruhige Gegend gewählt werden. Lassen sich die Störfaktoren nicht gänzlich eliminieren, können diese Störquellen in die Betrachtung aufgenommen werden.[43]

2.4 Reduzierung von Verzerrungen

Die verschiedenen Antworttendenzen können mithilfe verschiedener Begriffe unterschieden werden, diese sind jedoch aus empirisch-methodischer Sicht kaum voneinander zu unterscheiden. Häufig sind die verschiedenen Tendenzen voneinander abhängig oder bauen aufeinander auf. Ebenfalls sind viele Tendenzen typische Merkmale bestimmter Individuen. Um auf die verschiedenen Individuen wurden häufig «Gegenpole» oder «Anti-Paare» gebildet, um deren Meinung auszugleichen, was jedoch nicht nur von Erfolg gekrönt war.[44] Die meisten Antwortverzerrungen und «Beurteilerfehler» sind schon in den 1950er- Jahren bei Lee J. Cronbach[45] und Joy P. Guilford[46] zu finden, zum Beispiel die «Ja-sage-Tendenz» und die Tendenz zur «unentschiedenen Mitte» oder zu den «Enden einer Skala». Heutzutage gibt es einige Richtlinien zur Aufrechthaltung der Qualität, welche bei wissenschaftlichen Untersuchungen verlangt werden. Diese sind jedoch kein Garant, dass die Verzerrungen komplett eliminiert werden können.[47] Bei der Verwendung von Interviewmethoden kann eine Ergebnisverzerrung durch bewusste oder unbewusste Beeinflussung durch die Interviewer erfolgen, dem man durch Standardisierung entgegenwirken kann. Bei der Formulierung der Frage gilt es zu beachten, dass die Antworten je nach Formulierungsart beeinflusst werden können. Dies ist ebenfalls bei vorgegebenen Antwortmöglichkeiten zu beachten. Oftmals spielt auch die Reihenfolge oder die Position der Fragen eine entscheidende Rolle. Bei Fragen oder Fragebögen sollte man sich dessen bewusst sein und eine geeignete Anwendung sorgfältig überprüfen.

---

[43] Vgl. Rickheit / Herrmann / Deutsch (2003), S. 121
[44] Vgl. Mummendey (1995)
[45] Vgl. Cronbach (1970)
[46] Vgl. Guilford (1959)
[47] Vgl. Mummendey (1995)

3 Inhaltlich strukturierende und evaluative qualitative Inhaltsanalyse

Die Inhaltsanalyse als eigenständige sozialwissenschaftliche Methode wurde Anfang des 20. Jahrhunderts entwickelt, wobei die Kommunikationswissenschaftler Lasswell, Lazarsfeld und Berelson als Initianten gelten.[48] Sucht man den Begriff der Inhaltsanalyse im angelsächsischen Raum, stösst man auf den Begriff «content analysis», welcher ebenfalls auf Lasswell zurückzuführen ist.[49] Sein Modell der Massenkommunikation wurde über die Jahre von Wissenschaftlern und Forschern weiterentwickelt, die Grundzüge blieben jedoch bestehen. Zu Beginn der 70iger-Jahre fand dann die qualitative Ausrichtung der Inhaltsanalyse Einzug in die Sozialwissenschaften. In dieser Zeit wurde sie durch Hussy, Schreier und Echterhoff als ein systematischer Prozess zur Erfassung der Bedeutung von Texten definiert.[50] Zusammenfassend kann somit gesagt werden, dass die qualitative Inhaltsanalyse ein begehrtes Auswertungsverfahren ist, welches im Verlaufe der Zeit durch eine Vielzahl an Theorien weitergewachsen ist.[51] Dabei können innerhalb der qualitativen Inhaltsanalyse verschiedene Varianten unterschieden werden, welche in den fortfolgenden Kapiteln vorgestellt werden.

3.1 Die inhaltlich strukturierende qualitative Inhaltsanalyse

Die inhaltlich strukturierende qualitative Inhaltsanalyse hat sich in zahlreichen Forschungsprojekten bewährt [52] und gilt im quantitativen Bereich als das am häufigsten eingesetzte Verfahren.[53] Dabei bezieht sie sich besonders auf den Text bzw. Wortlaut der inhaltlichen Aussagen, was sowohl bei der Datenaufbereitung als auch bei der Präsentation der Ergebnisse ein entscheidender Faktor spielt, weshalb die Kategorienbildung bei dieser Methode umso wichtiger ist. Oftmals wird deshalb bei der inhaltlich strukturierenden qualitativen Inhaltsanalyse ein kombiniertes mehrstufiges Verfahren angewendet.[54]

Der Ablauf der inhaltlich strukturierenden qualitativen Inhaltsanalyse beinhaltet allgemein folgende sieben Schritte, bei welchen die Forschungsfrage sowohl

---

[48] Vgl. Berelson / Lazarsfeld (1948); Berelson (1952)
[49] Vgl. Ornau (2014), S. 9
[50] Vgl. Hussy / Schreier / Echterhoff (2013), S. 255
[51] Vgl. Stamann / Janssen / Schreier (2016), S. 3-5
[52] Vgl. Kuckartz (2014), S. 77; Lamnek (1993), S. 110; Mayring (2010), S. 98
[53] Vgl. Kuckartz (2014), S. 72
[54] Vgl. Kuckartz (2014), S. 73

Ausgangs- als auch Endpunkt darstellt und in Beziehung zu den einzelnen Schritten steht:[55]

1) Die Grundlage der Forschungsarbeit aufbauen, sich mit dem Material auseinandersetzen und die Forschungsfrage beleuchten

2) Kategorien aus der Fragestellung bilden, weitere Kategorien aus dem Interviewleitfaden ableiten, Differenziertheit bestimmen

3) Codieren des gesamten bisher vorhandenen Materials mit den Hauptkategorien

4) Zusammenstellen aller mit der gleichen Hauptkategorie codierten Textstellen

5) Induktives Bestimmen von Subkategorien am Material

6) Codieren des kompletten Materials mit dem ausdifferenzierten Kategoriensystem

7) Kategorienbasierte Auswertungen und Ergebnisdarstellung

In der ersten Phase wird das Material aufgearbeitet, wozu die Texte sorgfältig gelesen und als besonders relevant erscheinende Textpassagen markiert werden. Ausserdem wird der Rand mit Bemerkungen sowie Anmerkungen versehen und Auffälligkeiten werden festgehalten. Die erste Phase wird durch die Verschriftlichung einer kurzen Fallzusammenfassung abgeschlossen.[56]

In der zweiten Phase wird eine inhaltliche Strukturierung der Daten durch Kategorien und Subkategorien angestrebt, wobei oftmals Themen bzw. Subthemen als Auswertungskategorien dienen. Hauptthemen werden dabei meistens direkt von der Forschungsfrage abgeleitet und sind bereits bei der Erhebung der Daten von grosser Bedeutung. Dabei ist ein erster Durchlauf durch einen Teil der Daten empfehlenswert, um so nochmals überprüfen zu können, ob die Themen und ihre Definitionen auf das empirische Material anwendbar sind. Der Umfang dieses Testmaterials hängt vom Umfang des gesamten Materials sowie der Komplexität des Kategoriensystems ab, 10 bis 25% des Auswertungsmaterials sind jedoch anzustreben.[57]

Bei der dritten Phase findet der erste Codierprozess statt, wobei der Text sequenziell durchgegangen wird und so Textabschnitte den verschiedenen Kategorien zugewiesen werden. Jene Textstellen, die für die Forschungsfrage irrelevant oder nicht sinngebend sind, werden nicht codiert. Dabei gilt es zu beachten, dass bei thematischen

---

[55] Vgl. Schreier (2014)
[56] Vgl. Kuckartz (2014), S. 101
[57] Vgl. Kuckartz (2014), S. 101-102

Codierungen Textabschnitte durchaus mehreren Themen zugesprochen werden können.[58] Beim Codieren sollte beachtet werden, dass grundsätzlich Sinneinheiten codiert werden, wobei eine Sinneinheit mindestens ein vollständiger Satz sein muss. Falls die Sinneinheit doch mehrere Sätze oder gar Absätze beinhalten, werden diese codiert. Falls die zuvor gestellte bzw. eingeschobene Frage des Interviewers für das Verständnis erforderlich ist, wird diese mitcodiert. Die Textstelle muss so viel Text und nicht mehr beinhalten, als dass sie kontextlos verständlich ist. Besonders zu Beginn des Codierprozesses bietet es sich an, dass der Text von zwei Codierern bearbeitet wird, da dadurch die Kategoriendefinitionen automatisch an Präzision gewinnen und die Zuordnung somit zuverlässiger wird.[59]

Bei der vierten und fünften Phase wird nach dem ersten Codierprozess eine Ausdifferenzierung der bisherigen Kategorien, welche für die Studie von zentraler Bedeutung sind, vorgenommen. Dabei werden zuerst Subkategorien für die thematischen Kategorien gebildet, worauf alle codierten Textstellen mit dieser Kategorie in einer Liste oder Tabelle zusammengefasst werden. In einem letzten Schritt werden Definitionen für die Subkategorien entworfen und die Kategoriendefinitionen durch Zitate aus dem Material veranschaulicht.[60]

In der sechsten Phase findet nun, nachdem die Dimensionalisierung und Bildung der Subkategorien gelungen sind, der zweite Codierprozess statt. Bei diesem werden die ausdifferenzierten Kategorien jenen Textstellen zugeordnet, welche bis anhin mit der Hauptkategorie codiert wurden. Dies bedingt einen erneuten Durchlauf durch das codierte Material, wobei darauf geachtet werden sollte, dass genügend Material für die Ausdifferenzierung der Hauptkategorien verwendet wird, da ansonsten spätere Präzisierungen bzw. Erweiterung notwendig werden. Bei der Anzahl der Subkategorien, welche unterschieden werden, sollte lösungsorientiert vorgegangen und besonders der Sample-Umfang beachtet werden. Falls mit einem umfangreichen Material gearbeitet wird oder wenn Textstellen zu einer gewissen Thematik im ganzen Interview verteilt sind, bietet sich hier der Zwischenschritt eines thematischen Summarys an. Ansonsten kann auch zur siebten und letzten Phase übergegangen werden.[61]

In der siebten Phase findet die eigentliche Analyse statt und die Ergebnispräsentation wird vorbereitet. Bei diesem Auswertungsprozess, bei welchem die Themen und

---

[58] Vgl. Kuckartz (2014), S. 102
[59] Vgl. Kuckartz (2014), S. 104-105
[60] Vgl. Kuckartz (2014), S. 106
[61] Vgl. Kuckartz (2014), S. 110-111

Subthemen im Mittelpunkt stehen, gibt es nach Kuckartz folgende sechs Formen der Auswertung: *Kategorienbasierte Auswertung entlang der Hauptthemen, Analyse der Zusammenhänge zwischen den Subkategorien einer Hauptkategorie, Analyse der Zusammenhänge zwischen Kategorien, Kreuztabellen – qualitativ und quantifizierend, Graphische Darstellungen, Fallübersichten* und *Vertiefende Einzelfallinterpretationen*.[62]

Als Fazit sollte am Ende des Ergebnisberichts nochmals auf die ursprüngliche Forschungsfrage eingegangen und ein Resümee über die Arbeit gezogen werden. Im Ergebnisbericht sollte auch der gesamte Auswertungsprozess dokumentiert werden.[63]

Für die Implementierung und die nachfolgenden Schritte gibt es verschiedene Theorien von Kuckartz, Schreier und weiteren. Kuckartz schlägt vor, für jede Entwicklung und Änderung der Kategorien verschiedene Phasen und Fallzusammenfassungen zu erstellen. Schreier stellt hingegen fest, dass vor jeder Auswertung und Interpretation die Ergebnisse der Kodierung geklärt und transformiert werden sollten. Zusammenfassend kann also gesagt werden, dass es verschiedene Theorien gibt, sich diese im Grundgedanken jedoch nicht wesentlich unterscheiden, sondern die Differenzen nur bei den zusätzlichen Schritten sichtbar werden.[64]

3.2 Die evaluative qualitative Inhaltsanalyse

Nachdem die inhaltlich strukturierte quantitative Inhaltsanalyse erläutert wurde, folgt nun Vorstellung der evaluativen qualitativen Inhaltsanalyse. Sie gilt als zweites wichtiges Basisverfahren,[65] welches eine breite Anwendung in der empirischen Forschung findet.[66] Die evaluative qualitative Inhaltsanalyse basiert auf der Einschätzung, Klassifikation, Analyse und Bewertung der Inhalte durch die forschenden Personen. Das qualitative Material wird dabei begutachtet und in Kategorien und Klassen eingeteilt.[67]

Die evaluative qualitative Inhaltsanalyse umfasst die gleichen Hauptphasen wie die inhaltlich strukturierende qualitative Inhaltsanalyse. Die Hauptphasen werden als

---

[62] Vgl. Kuckartz (2014), S. 117-120
[63] Vgl. Kuckartz (2014), S. 120
[64] Vgl. Schreier (2014)
[65] Vgl. Kuckartz (2014), S. 98
[66] Vgl. Gläser-Zikuda (2005); Haudeck (2005); Szczyrba (2005)
[67] Vgl. Kuckartz (2018), S. 123

Textarbeit, Kategorienbildung, Codierung, Analyse und Ergebnisdarstellung definiert. Es kann festgestellt werden, dass die Kategorienbildung bei der evaluativen qualitativen Inhaltsanalyse anders als bei der inhaltlich strukturierenden qualitativen Inhaltsanalyse verläuft. Die Unterschiede werden dank der nachstehenden Reihenfolge der einzelnen Phasen der evaluativen qualitativen Inhaltsanalyse ersichtlich. Es gilt zu beachten, dass für jede Kategorie mehrere Durchläufe der Phasen notwendig sein können:[68]

1) Festlegung der Bewertungskategorie
2) Identifizieren und Codieren der für die Bewertungskategorie relevanten Textstellen
3) Codierte Segmente der Bewertungskategorie fallbezogen zusammenstellen
4) Ausprägungen der Bewertungskategorie formulieren und Fundstellen zuordnen, gegebenenfalls Veränderung der Definitionen und Zahl der Ausprägungen
5) Bewerten und Codieren des gesamten Materials
6) Einfache kategorienbasierte Aufwertung
7) Komplexe qualitative und quantitative Zusammenhangsanalysen, Visualisierungen, vertiefende Fallinterpretationen

In der ersten Phase werden die Bewertungskategorien festgelegt, wobei ein stringenter Zusammenhang zwischen den Kategorien und des gewählten Typs von Kategorien zur Forschungsfrage gegeben sein sollte. Nach Möglichkeit kann ein Zusammenhang zwischen den Kategorien und der Forschungsfrage bestehen. Diese Bildung und Codierung sind sehr aufwändig, weshalb klar sein muss, warum eine bewertende Codierung für eine Kategorie stattfinden soll. Deshalb sollten nur Kategorien gewählt werden, welche für die Forschungsfrage von grosser Relevanz sind.[69]

In der zweiten Phase wird das gesamte Material durchgearbeitet, wozu jede Textstelle, welche Informationen zur zentralen Kategorie enthält, codiert wird. Bezüglich Umfangs des zu codierenden Textsegments gelten die gleichen Überlegungen, wie bei der inhaltlich strukturierenden qualitativen Inhaltsanalyse.[70]
Bei der dritten Phase wird eine kategorienbasierte Auswertung durchgeführt, wobei alle codierten Segmente für die betreffende Kategorie fallbezogen zusammengefasst und in einer Liste oder Tabelle dargestellt werden.[71]

---

[68] Vgl. Kuckartz (2014), S. 99-100
[69] Vgl. Kuckartz (2014), S. 126
[70] Vgl. Kuckartz (2014), S. 127
[71] Vgl. Kuckartz (2014), S. 127

In der vierten Phase wird über die Differenziertheit der evaluativen Unterscheidungen entschieden. Dabei müssen die Ausprägungen mindestens in «hoch», «gering» und «ohne Klassifizierung» eingeteilt werden. Ziel ist es, am Ende eine Bewertung des gesamten Textes zu bekommen, wozu jedoch entschieden werden muss, ob der Text als Ganzes oder jedes einzelne Segment eingeschätzt wird.[72]

In der fünften Phase wird das gesamte Material endgültig bewertet und codiert, wobei gute Beispiele markiert und für den Forschungsbericht notiert werden. Oftmals müssen in dieser Phase Definitionen von Ausprägungen weiter präzisiert und mit Zitaten veranschaulicht werden. Bei Zweifelsfällen sollen die Gründe für die Einstufung festgehalten und im Forschungsteam diskutiert sowie entschieden werden.[73]

Wie auch bei der inhaltlich strukturierenden qualitativen Inhaltsanalyse lassen sich sieben Formen der Auswertung unterscheiden. Da es sich empfiehlt, von einfacheren zu komplexeren Analyseformen voranzuschreiten, gehören die ersten beiden Auswertungsformen zur Phase sechs. Die sechste Phase ist daher hauptsächlich deskriptiv und beginnt mit einer Dokumentation des Auswertungsprozesses. Darauf folgt der Berichtsabschnitt, in welchem die evaluativen Kategorien, die gewählten Ausprägungen und ihre inhaltlichen Bedeutungen beschrieben werden. In dieser Phase bieten sich die beiden Auswertungsformen *Statistische Auswertung einzelner Kategorien* und *Verbal-interpretative Auswertung einzelner Kategorien* an.[74]

In der siebten und letzten Phase findet nun die komplette und über die einzelnen Kategorien hinausgehende Auswertung statt. Dabei ist darauf zu achten, dass sich für qualitative Verfahren besonders Übersichtstabellen und darauf basierende vertiefende Fallinterpretationen anbieten. In einem weiteren Schritt verknüpft eine Untersuchung des Zusammenhangs zwischen thematischen sowie bewertenden Kategorien evaluative und inhaltlich strukturierende Inhaltsanalysen.[75] Dabei werden folgende Auswertungsformen unterschieden: *Tabellarische Fallübersichten, Vertiefende Einzelfallinterpretationen, Zusammenhänge mit thematischen Kategorien, Statistische Zusammenhänge zwischen bewertenden Kategorien* und *Statistische Zusammenhänge mit sozio-demographischen Merkmalen*.[76]

---

[72] Vgl. Kuckartz (2014), S. 127-128
[73] Vgl. Kuckartz (2014), S. 134
[74] Vgl. Kuckartz (2014), S. 134-135
[75] Vgl. Kuckartz (2014), S. 136
[76] Vgl. Kuckartz (2014), S. 136-139

3.3 Unterschiede inhaltlich strukturierender und evaluativer Verfahren

In diesem Abschnitt soll ein kurzer Rückblick auf die vorherigen *Kapitel 3.2 und 3.3* vorgenommen und die Unterschiede der beiden Verfahren aufgezeigt werden. Es wurde ersichtlich, dass das «inhaltlich strukturierende» und das «evaluative» Verfahren viele Berührungspunkte haben aber trotzdem einige Abstufungen aufweisen. Beispielsweise ist der Aufbau bei beiden Verfahren sehr ähnlich, sodass bei Mischformen von den jeweiligen Vorarbeiten profitiert werden kann.

Gesamthaft kann festgestellt werden, dass bei der evaluativen Analyse die forschenden Personen die gesamte Situation bzw. Sichtweise betrachten und bewerten, wohingegen beim inhaltlich strukturierenden Verfahren die jeweiligen einzelnen Teile betrachtet und bewertet werden. Die Ansprüche an die Codierenden sind bei dieser Analyse geringer, weil bei der evaluativen Inhaltsanalyse ein gewisses Fachwissen vorausgesetzt wird, damit eine Übereinstimmung der Ergebnisse erfolgen kann. Zusätzlich sollten mehrere verschiedene forschende Personen an einem Fall arbeiten, welche nicht voneinander abhängig sind, damit ein unbefangenes Resultat entstehen kann. Betrachtet man die Kategorien, stellt man fest, dass die Verfahren bei der evaluativen Analyse im Vergleich zur inhaltlich strukturierenden grossflächiger sind. Deshalb eignet sich das evaluative Verfahren besser für theorieorientiertes Arbeiten, wobei für Zielsetzungen, die in den Beschreibungen liegen, die inhaltliche strukturierende Analyse gewählt werden sollte. Ebenfalls besteht die Möglichkeit, die beiden Verfahren miteinander zu verwenden und zu kombinieren. Dabei können Synergien genutzt werden, wie beispielsweise für einzelne Bereiche die evaluative Methode und für bereits erarbeitete Daten und Codierungen die inhaltlich strukturierende qualitativen Inhaltsanalyse.[77]

Wie ersichtlich geworden ist, besitzt die inhaltlich strukturierende qualitative Inhaltsanalyse im Vergleich zur evaluativen qualitativen Inhaltsanalyse eine deutlich schwächere deutende Ausrichtung. Zusammenfassend kann gesagt werden, dass die Forschungsfrage bei der qualitativen Inhaltsanalyse eine deutliche Rolle spielt, weil die Forschungsfrage nicht unverändert bestehen bleibt, sondern sich dynamisch mit der Untersuchung und dem dazugehörigen Analyseprozess verändert.

---

[77] Vgl. Kuckartz (2018), S. 140

5   Anhang

Der Anhang wurde in drei Unterkapitel unterteilt. Grundsätzlich handelt es sich im *Kapitel 5.1* um den Anhang des gesamten *Kapitel 1*, im *Kapitel 5.2* um den Anhang des gesamten *Kapitel 2* und *Kapitel 5.3* um den Anhang des gesamten *Kapitels 3*.

5.1   Anhang zu Kapitel 1

5.1.1   Vorstellung

Die wichtigsten Geschäftsbereiche der können in drei Bereiche eingeteilt werden: 1, 2 und 3. In der gesamten Schweiz werden 2 Mitarbeitende beschäftigt, wobei davon 1 Teilzeitbeschäftige sind. Die Mitarbeitenden können in 1 Frauen und 1 Männer eingeteilt werden, wobei das Durchschnittsalter der Beschäftigten 35 Jahre beträgt. Die Mitarbeitenden las-sen sich in 20 verschiedene Nationalitäten einteilen, welche im Geschäftsjahr 2019/2020 gesamthaft 10 Weiterbildungsstunden und 2 Pro-Bono-Stunden geleistet haben. Die erwähnten Daten bilden den Stand per 2020 und sind öffentlich einsehbar.[78]

Gemäss der Homepage von Unternehmen AG ist es deren Ziel, «einen positiven Beitrag zu leisten und Verantwortung zu übernehmen». Unternehmen AG möchte sich mit den unternehmerischen Herausforderungen, dem technologischen Wandel, der Initiative des lebenslangen Lernens und der Förderung von Sport und Gesundheit auseinandersetzen. Ein weiteres definiertes Ziel ist es, «bereits heute etwas zu verändern und ein Fundament für die Welt von morgen zu schaffen, um der nachfolgenden Gene-ration ein stabiles Umfeld zu hinterlassen».[79]

---

[78] Vgl. Unternehmen AG (2020)
[79] Vgl. Unternehmen AG (2020)

5.1.2 Stakeholder Analyse Unternehmen AG

Das St. Galler-Management-Modell definiert die wichtigsten Umweltsphären, Anspruchsgruppen und Interaktionsthemen. Im Inneren des Würfels werden die Prozesse, Ordnungsmomente und Entwicklungsmodi dargestellt.

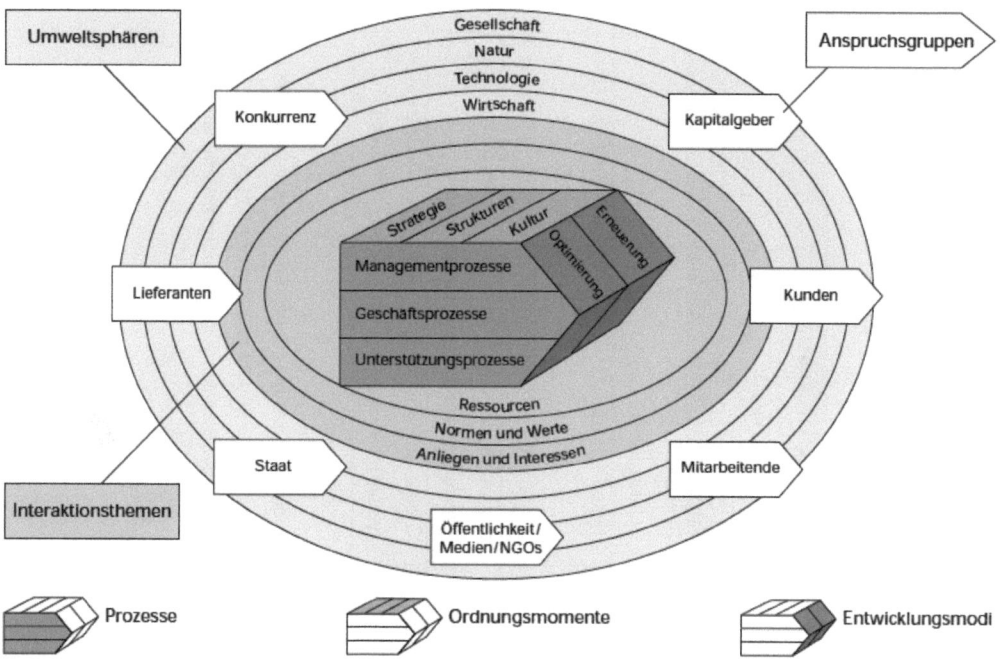

Abbildung 1*: Das St. Galler-Management-Modell nach Rüegg & Sturm[80]*

---

[80] Hagen (2020)

| Reputation | | | | |
| Medien | | | | |
Kunden	Mitarbeiter	Investoren	Politiker	Zulieferer
- Vertrauen in Dienstleistung	- Höhere Bewerbungsrate	- Besserer Zugang zu den Kapitalmärkten	- Vorteile in Verhandlungen	- Geringere Partnerschafts-aufwände
- Kundenbindung wird stabiler und gefördert	- Geringere Saläre, da eine gute Arbeitsstelle	- Tiefe FK-Kosten	- Gewogenheit und Unterstützung	- Stärkere Bindung des Zulieferers an das Unternehmen
- Mehr Aufträge bzw. höhere Auftragsquote	- Geringere Fluktuation	- Börsenhandel: Tiefe Handelsbereitschaft	- Geringeres Risiko Streitigkeiten	- Längere Bindung
- Höhere Preisbereitschaft	- Grösseres Interesse von Fachkräften	- Grössere Anzahl interessierter Investoren	- Gesetze / Gesetzesvorlagen / Initiativen	- Spezialpreise / -angebote

Tabelle 4: Reputation, Medien und Anspruchsgruppen[81]

Wie der Tabelle entnommen werden kann, stehen zwischen der Reputation und den fünf ausgewählten Anspruchsgruppen die Medien. Eine positive Reputation hilft dem Unternehmen die Beziehungen zu den Anspruchsgruppen zu pflegen und kann die jeweiligen Eigenschaften der Anspruchsgruppen weiter positiv ausbauen. Die Medien können die Beziehung stören oder fördern, weshalb sie zwischen der «Reputation» und den «Anspruchsgruppen» angesiedelt worden sind.

[81] Eigene Darstellung

5.1.3 Interviewleitfaden zur Erhebung der Unternehmensreputation von Unternehmen AG

Begrüssung / Einleitung

Grüezi, Frau / Herr (Vorname, Nachname) _____,

Besten Dank, dass Sie sich Zeit nehmen, um mit mir das nachfolgende Interview durchzuführen.

Da wir uns noch nicht kennen, möchte ich mich kurz vorstellen. Mein Name ist Franz und ich befinde mich zurzeit im Studium «B.A. Betriebswirtschaft». Im Rahmen dieses Studiums beschäftige ich mich mit dem Thema «Unternehmensreputation». Daher werden für eine Untersuchung Kunden, Partner-Unternehmen und Mitarbeiter der X AG   interviewt. Aufgrund dieser Arbeit sollen anhand dieses Interviews die unterschiedlichen Wahrnehmungen der Stake-holder ermittelt werden. Mithilfe dieses Gesprächs möchte ich gerne Ihre subjektive Wahrnehmung zum genannten Thema aufnehmen und Ihre Erwartungshaltung gegenüber dem Unternehmen erfahren.

Das Interview wird wie vorgängig abgemacht ca. 60 Minuten Zeit in Anspruch nehmen. Es wurde genügend Zeit eingeplant, sodass keine Eile herrscht.

Zur Durchführung des Interviews möchte ich kurz noch einige Erläuterungen geben: Alle Befragten werden ähnliche, möglichst auf ihre Situation/Stellung angepasste Fragen gestellt. Mögen Ihnen diese jedoch nicht geeignet erscheinen oder schlecht zu beantworten sein, geben Sie mir gerne einen kurzen Hinweis während der Befragung.

Ich werde das Aufnahmegerät während des Gesprächs mitlaufen lassen. Dies dient rein zur Kontrolle und Nachvollziehbarkeit meiner Notizen. Falls Sie damit einverstanden sind, bitte ich Sie, die nachfolgende Einverständniserklärung zu unterzeichnen.

Hiermit erkläre ich, _____ (Vor- und Nachname), mich damit einverstanden, dass im Rahmen dieses Interviews Bild- und Tonbandaufnahmen angefertigt werden dürfen. Des Weiteren stimme ich der anschliessenden Niederschrift und den damit verbundenen Forschungszwecken zu. Alle persönlichen Daten werden vertraulich behandelt und vor einer Veröffentlichung anonymisiert bzw. geschwärzt.

_____   _____
Ort, Datum   Unterschrift

Das Gespräch gliedert sich wie folgt:

1) Verantwortung des Unternehmens in der Schweiz
2) Attraktivität der X Schweiz
3) Qualität der Unternehmung und Ihrer angebotenen Dienstleistungen
4) Performance der X Schweiz

Haben Sie noch Fragen bevor wir mit dem Interview beginnen?

Fragen zur Person

- Name/Vorname:
- Alter:
- Funktion im Unternehmen:
- Datum:
- Ort:

In welcher Beziehung stehen Sie zur X Schweiz?

Wie wirkt das Unternehmen in seiner Ausseneinwirkung auf Sie?

Kommen wir nun zum ersten Teil des Interviews.
1. Verantwortung des Unternehmens in der Schweiz
Mitarbeiter:

- Wie würden Sie das Wettbewerbsverhalten zu anderen Unternehmen in der gleichen Branche beurteilen? Bitte beachten Sie nur den Schweizer Wirtschaftsraum.
- Denken Sie, dass das Unternehmen «das Richtige» tun würde, auch wenn es den Profit verringert, Aufträge auch abzulehnen?
- Welche Möglichkeiten / Benefits bietet Ihr Unternehmen an und steht es dafür ein?
- In welcher Form engagiert sich das Unternehmen für die Umwelt oder setzt sich für Nachhaltigkeit ein?
- Wie ausführlich und ehrlich erfolgt die Kommunikation von Informationen innerhalb X?
- Haben Sie den Eindruck, dass die X hinter den eigenen getätigten Aussagen steht?

Kunden:

- Wie würden Sie das Wettbewerbsverhalten zu anderen Unternehmen in der gleichen Branche beurteilen? Bitte beachten Sie nur den Schweizer Wirtschaftsraum.
- Wie beurteilen Sie die Geschäftstätigkeit der X innerhalb der Schweiz?
- In welcher Hinsicht übernimmt die X Verantwortung für die Gesell-schaft und wie äussert sich das?
- In welcher Form engagiert sich das Unternehmen für die Umwelt oder setzt sich für Nachhaltigkeit ein?
- Wie transparent werden Informationen an Sie übermittelt?
- Haben Sie den Eindruck, dass X hinter den eigenen getätigten Aus-sagen steht?

Partner-Unternehmen:

- Wie würden Sie das Wettbewerbsverhalten zu anderen Unternehmen in der gleichen Branche beurteilen? Bitte beachten Sie nur den Schweizer Wirtschaftsraum.
- Wie würden Sie das Vorgehen X in Preisverhandlungen beurteilen?

- In welcher Hinsicht übernimmt X Verantwortung für die Gesellschaft und wie äussert sich das?
- In welcher Form engagiert sich das Unternehmen für die Umwelt oder setzt sich für Nachhaltigkeit ein?
- Wie transparent werden Informationen an Sie übermittelt?
- Haben Sie den Eindruck, dass die X hinter den eigenen getätigten Aussagen steht?

Im zweiten Teil geht es um die (2) Attraktivität der X

Mitarbeiter:

- Wie schätzen Sie die Qualifikation ihrer Kollegen ein?
- Welche Entwicklungsmöglichkeiten bzgl. Weiterbildungsmassnahmen gibt es in ihrem Unternehmen?
- Aus welchem Grund würden Sie X als Arbeitgeber weiterempfehlen?Falls Sie X nicht als Arbeitgeber weiterempfehlen würden, weshalb?
- Beschreiben Sie bitte das Erscheinungsbild von X nach aussen hin?
- Tritt X im Vergleich zu anderen Unternehmen positiv in Erscheinung?Falls ja / nein, warum?

Kunden:

- Wie würden Sie die Kompetenz und Qualifikationen der Mitarbeitenden beurteilen?
- Aus welchem Grund könnten Sie sich X als Arbeitgeber persönlich vorstellen?
- Wie wirkt X als Unternehmen auf Sie?
- Tritt X im Vergleich zu anderen Unternehmen positiv in Erscheinung?Falls ja / nein, warum?

Partner-Unternehmen:

- Wie würden Sie die Kompetenz/Qualifikation der Mitarbeiter beurteilen?
- Aus welchem Grund könnten Sie sich X als Arbeitgeber persönlich vorstellen?
- Wie wirkt X als Unternehmen für Sie?
- Tritt X im Vergleich zu anderen Unternehmen positiv in Erscheinung?Falls ja / nein, warum?

Kommen wir nun zum dritten Teil des Interviews.

3. Qualität der Unternehmung und Ihrer Dienstleistungen

Mitarbeiter:

- Würden Sie sagen, dass Ihr Unternehmen hochwertige und gewinnbringende Dienstleistungen anbietet? Falls ja / nein, warum?
- Inwiefern haben Sie das Gefühl, das auf die Bedürfnisse des Kunden eingegangen wird?
- Inwieweit würden Sie X als vertrauenswürdiges Unternehmen beschreiben?
- Inwieweit werden Ihre Leistungen von X anerkannt? Bitte erläutern Sie Ihre Antwort.
- Welche Projekte oder Massnahmen kennen Sie, die der Zukunftssicherung des Unternehmens dienen?
- Welche Innovationen verbinden Sie mit X?

Kunden:

- Welchen Mehrwert haben die angebotenen Dienstleistungen für Sie?
- Wie würden Sie das Preis-Leistungs-Verhältnis der Dienstleistungen bewerten?
- Was verbinden Sie mit dem Wort «Service» in Bezug auf X?
- Inwiefern wird auf Ihre «Wünsche» als Kunde eingegangen?
- Warum haben Sie sich für die X als Partner entschieden?
- Sehen Sie X als verlässlichen Partner an?
- Inwieweit würden Sie die X als vertrauenswürdiges Unternehmen beschreiben?
- Warum schätzen Sie die Leistungen X? Bitte erläutern Sie Ihre Ant-wort.
- Welche Dienstleistung kennen Sie, die der Zukunftssicherung des Unternehmens dienen?
- Welche Innovationen verbinden Sie mit X?

Partner-Unternehmen:

- Wie bewerten Sie die Qualität der Dienstleistungen von X?
- Wie würden Sie das Preis-Leistungs-Verhältnis von X bewerten?
- Was verbinden Sie mit dem Wort «Service» in Bezug auf X?
- Warum haben Sie sich für X als Partner entschieden?

- Sehen Sie X als verlässlichen Partner an?
- Inwieweit würden Sie X als vertrauenswürdiges Unternehmen beschreiben?
- Welche Dienstleistungen kennen Sie, die der Zukunftssicherung des Un-ternehmens dienen?
- Welche Innovationen verbinden Sie mit X?

Jetzt folgt der vierte und letzte Teil des Interviews.

4. Performance von X

Mitarbeiter:

- Wie beurteilen Sie die Leitung und Führung der X?
- Wie würden Sie die Konkurrenzfähigkeit der X jetzt und für die Zu-kunft beschreiben?
- Inwieweit würden Sie die Risiken der X am Markt zu bestehen einschätzen? Bitte erläutern Sie ihre Antwort?
- Welchen Herausforderungen und «Challenges» gilt es Ihrer Ansicht nach zu begegnen?
- Welche Wachstumspotenziale sehen Sie bei der X?
- Welche Strategie verfolgt die X gemäss Ihrer Ansicht?
- Wird Strategie transparent kommuniziert? Und lassen sich daraus Massnahmen ableiten?

Kunden:

- Wie beurteilen Sie die Leitung und Führung bei der X?
- Wie würden Sie die Konkurrenzfähigkeit der X jetzt und für die Zu-kunft beschreiben?
- Inwieweit würden Sie die Risiken der X am Markt zu bestehen einschätzen? Bitte erläutern Sie Ihre Antwort.
- Welchen Herausforderungen und «Challenges gilt es Ihrer Ansicht nach zu begegnen?
- Welche Wachstumspotenziale sehen Sie bei X?
- Welche Strategie verfolgt die X gemäss Ihrer Ansicht?

Partner-Unternehmen:

- Wie beurteilen Sie die Leitung und Führung bei der X?
- Wie würden Sie die Konkurrenzfähigkeit der X jetzt und für die Zu-kunft beschreiben?
- Inwieweit würden Sie die Risiken der X am Markt zu bestehen ein-schätzen? Bitte erläutern Sie Ihre Antwort.
- Welchen Herausforderungen und «Challenges» gilt es Ihrer Ansicht nach zu begegnen?
- Welche Wachstumspotenziale sehen Sie bei X?
- Welche Strategie verfolgt die X gemäss Ihrer Ansicht?

Ende des Interviews

Mit dieser letzten Frage sind wir am Ende des Interviews angelangt. Gibt es von Ihrer Seite noch etwas, das Sie mir gerne mitteilen möchten oder haben sich während des Interviews noch weitere Fragen zum Interview oder der Untersuchung ergeben?

Abschluss & Verabschiedung

Falls Sie an den Ergebnissen meiner Untersuchung interessiert sind, können Sie mich gerne per Email kontaktieren. Ihre Angaben werden streng vertraulich behandelt und die Auswertung findet anonymisiert statt. Vielen Dank für Ihre Offenheit und die Zeit, die Sie mir zur Beantwortung meiner Fragen geschenkt haben. Als kleine Belohnung möchte ich Ihnen ein Werbegeschenk von X überrei-chen.

5.2 Anhang zu Kapitel 2

Die nachfolgende Übersicht zeigt die verschiedenen Verzerrungstendenzen und erläutert diese mit einer kurzen stichwortartigen Erklärung.

Formale Tendenzen	**Akquieszenz** *«acquiescence tendency»*	- Ja-Sage-Tendenz, Fragen werden eher mit «ja», «stimmt», «richtig» beantwortet, unabhängig vom Inhalt der Fragen - Oft bei «autoritären» oder «ängstlichen» Persönlichkeiten
	Tendenz zur Mitte *«error of central tendency»*	- Allgemeine Tendenz zur Mitte - Bei Skalenniveaus oft die Entscheidung zur Mitte
	Tendenz zur Milde / Härte *«error of extreme tendency»*	- Die Tendenz zur Milde/Härte - Extreme Antworten bei Prüfungs- oder Testsituationen
	Positionseffekte	- Je nach Position erfolgen andere Antworten
Inhaltliche Tendenzen	**Soziale Erwünschtheit** *«Social Desirability-Response-Set»*	- Antwort nach sozialen Normen - verbreitete Neigung zur positiven Selbstdarstellung
	Konsistenzeffekt *«consistency bias»*	- Tendenz, ähnlich klingende Aussagen stimmig zu beantworten
	Retrospektionseffekt *«recall bias, retrospection effect»*	- Erlebnisse bzw. Ereignisse werden Rückblick positiver oder negativer (intensiver, extremer) bewertet
	Rezenzeffekt *«recency effect»*	- Später eingehende Informationen haben grösseren Einfluss auf die Erinnerung
	Schweigeverzerrung *«non-reponse bias»*	- Antwortende haben ein anderes Antwortverhalten im Vergleich zu Nichtantwortenden (wenn sie an der Erhebung teilgenommen hätten) - Ausbleibende Antworten verfälschen das Gesamtbild
	Rückschaufehler *«hindsight bias»*	- Unzutreffende Erinnerungen - Falscher Rückblick nach tatsächlichem Ausgang der Situation
	Primäreffekt	- Zu Beginn erhaltene Informationen bleiben besser im Langzeitgedächtnis

Tabelle 5: Inhaltliche & Formale Tendenzen

5.3 Anhang zu Kapitel 3

Begriff	Erläuterung
Kategorie	Bedeutung: «Einteilungsschema»[82]; «Ergebnis der Klassifizierung von Einheiten»[83]
Kategoriensystem	Kategoriesystem ist der Kern der Inhaltsanalyse. Alle relevanten Textbedeutungen werden als Kategorien zusammengefasst.[84] Auch gemäss Mayring das «zentrale Instrument der Analyse»[85]
Codierer	«Codierer» bzw. «Codierenden» ist die Zuordnung von Kategorien zu Textstellen bzw. zu Teilen des Untersuchungsmaterials vornehmen.[86]
Einheiten	Einheit und Kategorie sind Grundbegriffe der Inhaltsanalyse[87]
Auswahleinheit	Engl. «Recording unit», Ausgewählte Einheiten[88]
Analyseeinheit	Untersuchungseinheit, engl. «Sampling unit», aus der Grundgesamtheit[89]
Fakten Kategorie	Bezieht sich auf eine bestimmte «objektive» oder «vermeintlich objektive» Gegebenheit[90]
Inhaltlich Kategorie	Kategorie, welche auf einen bestimmten Inhalt abzielt[91]
Analytische Kategorie	Resultat einer intensiven Aufarbeitung des Datenmaterials[92]
Natürliche Kategorie	Begriffe, welche im Alltag vorkommen[93]
Evaluativ Kategorie	Charakterisiert durch bestimmte Anzahl an Ausprägungen[94]
Formale Kategorie	Daten & Informationen der zu analysierenden Einheit[95]

Tabelle 6: Übersicht «Begrifflichkeiten»[96]

---

[82] Vgl. Pfeifer (1995)
[83] Vgl. Kuckartz (2014), S. 41
[84] Vgl. Hussy / Schreier / Echterhoff (2013), S. 256.
[85] Vgl. Mayring (2010), S. 49.
[86] Vgl. Kuckartz (2014), S. 48
[87] Vgl. Kuckartz, (2014), S. 46
[88] Vgl. Ornau (2014), S. 87 und S. 18
[89] Vgl. Ornau (2014), S. 87 und S. 18
[90] Vgl. Kuckartz (2014), S. 43
[91] Vgl. Ornau (2014), S. 17
[92] Vgl. Ornau (2014), S. 17
[93] Vgl. Ornau (2014), S. 17
[94] Vgl. Ornau (2014), S. 17
[95] Vgl. Ornau (2014), S. 17
[96] Vgl. Pfeifer (1995); Kuckarzt (2014), Hussy/Schreier/Echterhof (2013); Mayring (2010); Ornau (2014)

6 Literaturverzeichnis

Absatzwirtschaft (2015). Markenprodukte: Qualität schlägt Preis bei Kaufentscheidungen, in: https://www.absatzwirtschaft.de/markenprodukte-qualitaetschlaegt-preis-bei-kaufentscheidungen-71309/, Zugriff am 27.12.2020.

Aeppli, J. / Gasser, L. / Schärer, A. T. / Gutzwiller, E. (2016). Empirisches wissenschaftliches Arbeiten: Ein Studienbuch für die Bildungswissenschaften, Bad Heilbrunn. Baur, N./Blasius, J. (Hrsg.) (2019), Handbuch Methoden der empirischen Sozialforschung, 2. Auflage, Wiesbaden.

Atteslander, P. / Kneubühler, H. (1975). Verzerrungen im Interview (1. Auflage). Opladen: Westdeutscher Verlag.

Baur, N. / Blasius, J. (Hrsg.) (2019). Handbuch Methoden der empirischen Sozialforschung, 2. Auflage, Wiesbaden.

Becker, F. (2020). Interviewer-Bias: Einfluss der Interviewer auf Ergebnisse. Zugriff am 25.12.2020. Verfügbar unter https://wpgs.de/fachtexte/ergebnisinterpretation/interviewer-bias-einfluss-der-interviewer-auf-ergebnisse/

Bentele, G. / Brosius, H.-B. / Jarren, O. (Hrsg.) (2006), Lexikon Kommunikations- und Medienwissenschaft, Wiesbaden.

Berelson, B. (1952). Content analysis in communication research. The Free Press. Glencoe.

Berelson, B. / Lazarsfeld, P. F. (1948). The analysis of communication content. University of Chicago. Chicago.

Brosius, H. B. / Koschel, F. / Haas, A. (2008). Methoden der empirischen Kommunikationsforschung: Eine Einführung, Heidelberg.

Cronbach, Lee J. (1970). Essentials of psychological testing. 3rd. ed. Harper and Row, New York

Diekmann, A. (2007). Empirische Sozialforschung: Grundlagen, Methoden, Anwendungen, Hamburg.

DWDS (2020). Verzerrung, bereitgestellt durch das Digitale Wörterbuch der deutschen Sprache, <https://www.dwds.de/wb/Verzerrung>, abgerufen am 19.12.2020

Gläser, J. / Laudel, G. (2009). Experteninterviews und qualitative Inhaltsanalyse: als Instrumente rekonstruierender Untersuchungen, Wiesbaden.

Gläser-Zikuda (2005). Qualitative Inhaltsanalyse in der Lernstrategie- und Lernemotionsforschung. In: Mayring P. / Gläser-Zikuda, M. (Hrsg.): Die Praxis der qualitativen Inhaltsanalyse, 2. Auflage, Weinheim: Beltz.

Guilford, Joy P. (1959). Personality. McGraw Hill, New York

Hagen (2010). Systemorientierte Management Lehre. Das neue St. Galler Management Modell. In: https://hagen.management/blog/systemorientierte-managementlehre-das-neue-st/, Zugriff am 27.12.2020.

Haudeck, H. (2005). Wie "paucken" Schüler und Schülerinnen Vokabeln für den Fremdsprachenunterricht wirklich? Ein Anwendungsbeispiel der Qualitativen Inhaltsanalyse. In: Mayring P. / Gläser-Zikuda, M. (Hrsg.): Die Praxis der qualitativen Inhaltsanalyse, 2. Auflage, Weinheim: Beltz.

Helfferich, C. (2019). Leitfaden- und Experteninterviews. In: Baur, N./Blasius, J. (Hrsg.), Handbuch Methoden der empirischen Sozialforschung, 2. Auflage, Wiesbaden.

Hussy, W. / Schreier, M. / Echterhoff, G. (2013). Forschungsmethoden in Psychologie und Sozialwissenschaften für Bachelor, 2. Auflage, Berlin/Heidelberg: Springer Medizin.

Kuckartz, U. (2014). Qualitative Inhaltsanalyse: Methoden, Praxis, Computerunterstützung, 2. Auflage, Beltz Juventa. Weinheim/Basel

Kvale, S., Brinkmann, S. (2009). Interviews, 2. Auflage, USA: SAGE.

Lamnek, S. (1995). Qualitative Sozialforschung, Weinheim.

Lehmann, G. (2004). Das Interview: Erheben von Fakten und Meinungen im Unternehmen, Renningen.

Mayring, P. (2010). Qualitative Inhaltsanalyse. In: Mey, K. / Mruck, K. (Hrsg.): Handbuch Qualitative Forschung in der Psychologie. Wiesbaden: VS Verlag.

Mayring, P. (2010). Qualitative Inhaltsanalyse: Grundlagen und Techniken, 11. Auflage. Weinheim: Beltz.

Misoch, S. (2019). Qualitative Interviews, 2. Auflage, Berlin: De Gruyter.

Mummendey, H.-D. (1995). Selbstdarstellungsverhalten und Persönlichkeit. In K. Pawlik (Hrsg.), Bericht über den 39. Kongress der Deutschen Gesellschaft für Psychologie in Hamburg, Göttingen: Hogrefe.

Nohl, A. M. (2017). Interview und Dokumentarische Methode: Anleitungen für die Forschungspraxis, Wiesbaden.

Ornau (2014). Inhaltsanalyse, 1. Auflage, Studienbrief der SRH Fernhochschule, Riedlingen.

Peters, P. / Liehr-Gobbers, K. (2015). Unternehmensreputation und Reputationsmanagement. In: Fröhlich, R. / Szyszka, P. / Bentele, G. (Hrsg.), Handbuch der Public Relations. Wissenschaftliche Grundlagen und berufliches Handeln, 3. Auflage, Wiesbaden.

Pfeifer, W. (1995). Etymologisches Wörterbuch des Deutschen, 2. Auflage, München: Deutscher Taschenbuchverlag.

Phaydon (2016). Halbstandardisiertes Interview. http://www.phaydon.de/methoden/qualitative-forschung/halbstandardisiertes-interview/#:~:text=Basis%20des%20halbstandardisierten%20Interviews%20ist,von%20Formulierungen%20abzuweichen%20und%20nachzuhaken, Zugriff am 28.12.2020.

Rettenwender, E. (2016). Psychologie, 5. Auflage, Linz: Veritas.

Rickheit, G. / Herrmann, T. / Deutsch, W. (Hrsg.) (2003), Psycholinguistik, 1. Auflage, Berlin: Walter de Gruyter.

Scholz, C. (2009). Vahlens Grosses Personallexikon, 1. Auflage, Verlag Franz Vahlen GmbH. https://www.personalmanagement.info/hr-knowhow/glossar/detail/hawthorne-effekt/, Zugriff am 27.12.2020.

Schreier, M. (2014). Varianten qualitativer Inhaltsanalyse. Forum: Qualitative Sozialforschung, Art. 18.

Schwaiger, M. (2004). Components an Parameters of Corporate Reputation - an Empirical Study. In: Schmalenbach Business Review.

Spektrum (2020). Nicht-standardisiertes Interview. https://www.spektrum.de/lexikon/psychologie/nicht-standardisiertes-interview/10587, Zugriff am 27.12.2020.

Stamann, C. / Janssen, M. / Schreier, M. (2016). Qualitative Inhaltsanalyse. Forum: Qualitative Sozialforschung. https://www.qualitative-research.net/index.php/fqs/article/view/2581/4022, Zugriff am 27.12.2020.

Stocké, V. (2004). Entstehungsbedingungen von Antwortverzerrungen durch soziale Erwünschtheit. Zeitschrift für Soziologie. https://psycnet.apa.org/record/2004-18977-002, Zugriff am 27.12.2020.

Szczyrba (2005). Perspektivübernahme als Forschungsgegenstand und qualitatives methodisches Werkzeug. In: Mayring, P. / Gläser-Zikuda, M. (Hrsg.): Die Praxis der qualitativen Inhaltsanalyse, 2. Auflage, Weinheim: Beltz.

Thommen, J.-P. (2018). Anspruchsgruppen Definition. Stakeholder, in: https://wirtschaftslexikon.gabler.de/definition/anspruchsgruppen-27010/version-250673, Zugriff am 27.12.2020.

Tücke, M. (2005). Psychologie in der Schule – Psychologie für die Schule, 4. Auflage, Münster: LIT.

Weiss, R. (1994). Learning from strangers, 1. Auflage. New York: The Free Press.

Wittkowski, J. (2013). Das Interview in der Psychologie: Interviewtechnik und Codierung von Interviewmaterial, Wiesbaden: Springer Fachmedien.